FICHE DE LECTURE

Document rédigé par Nadège Nicolas
maitre en langues et littératures françaises et romanes
(Université catholique de Louvain)

L'Alchimiste

Paulo Coelho

lePetitLittéraire.fr

Paulo Coelho
Romancier et interprète brésilien

- **Né en 1947 à Rio de Janeiro**
- **Quelques-unes de ses œuvres :**
  Le Pèlerin de Compostelle (1987), roman
  L'Alchimiste (1988), roman
  Le Démon et mademoiselle Prym (2000), roman

Paulo Coelho nait à Rio de Janeiro en 1947. À l'âge de 23 ans, il quitte le Brésil pour parcourir l'Amérique du Sud (Mexique, Pérou, Bolivie, Chili), l'Europe et l'Afrique du Nord. Il revient au pays deux ans plus tard et s'investit dans l'univers musical en tant que compositeur de chansons populaires, journaliste spécialisé en musique brésilienne, puis employé chez Polygram. L'appel du voyage et sa quête de spiritualité sont toutefois plus forts et il repart sur les routes en 1982.

Son premier livre, *Le Pèlerin de Compostelle* (1987), lui est inspiré par sa propre expérience du chemin de Saint-Jacques. Depuis, Paulo Coelho continue de publier régulièrement et connait la consécration du public (Grand prix des lectrices de *Elle*, 1995) et de ses pairs (élu à l'Académie des lettres au Brésil en 2002).

L'Alchimiste
Une quête spirituelle

- **Genre :** conte philosophique
- **Édition de référence :** *L'Alchimiste*, traduit du portugais par Jean Orecchioni, Paris, Le Livre de Poche, 2001, 192 p.
- **1re édition :** 1988
- **Thématiques :** mysticisme, voyage, religion, identité, quête, parcours initiatique

L'Alchimiste parait en 1988. Ce roman raconte l'histoire de Santiago, jeune berger andalou, qui abandonne son Espagne natale et ses brebis pour partir en quête d'un trésor qu'il croit enfoui au pied des pyramides d'Égypte. Le voyage du jeune homme est ponctué de nombreuses rencontres et d'expériences qui le mèneront à son trésor, mais également et surtout à la découverte de sa propre identité.

Roman philosophique inspiré d'une nouvelle de Jorge Luis Borges, *L'Alchimiste* rappelle que chacun est libre de réaliser ses rêves et d'être en harmonie avec ses désirs. Publié dans une centaine de pays et traduit dans 47 langues, il est l'une des meilleures ventes de tous les temps.

RÉSUMÉ

L'alchimiste découvre un recueil d'Oscar Wilde (écrivain irlandais, 1854-1900) dans lequel il lit un texte inspiré de la légende de Narcisse dont la fin a été modifiée : le lac pleure la mort du jeune homme dans les yeux duquel il aimait contempler son reflet.

Santiago, un jeune berger qui a soif de découvertes, s'arrête dans une vieille église pour y passer la nuit. Il se réjouit de retrouver prochainement une jeune fille qui l'avait charmé l'année précédente. Deux flashbacks racontent cette rencontre, ainsi que la décision de Santiago de devenir berger pour découvrir le monde, prenant ainsi son destin en main.

Une nuit, il rêve qu'un enfant le conduit aux pyramides d'Égypte et lui dit : « Si tu viens jusqu'ici, tu trouveras un trésor caché. » Mais Santiago se réveille avant d'en connaitre l'emplacement exact. À Tarifa, une voyante accepte d'interpréter ce songe, mais elle réclame un dixième du trésor.

Après cette rencontre, un vieillard qui prétend être roi de Salem l'aborde et lui propose de lui indiquer comment atteindre le trésor caché en échange du dixième de son troupeau. Selon lui, ce trésor constitue la légende personnelle du berger, la mission qu'il doit accomplir sur Terre. C'est grâce à lui que Santiago décide d'entamer sa quête.

Les deux hommes se retrouvent le lendemain. Le roi conseille à Santiago d'être attentif aux signes et de prendre dorénavant ses décisions seul. Pour l'y aider, il lui offre deux pierres de divination, Ourim et Toumim.

Santiago part alors en Afrique, à Tanger. Il ne comprend ni la langue arabe ni les « pratiques d'infidèles » (p. 49) locales. Naïf, il se fait voler son argent. Il décide tout de même de suivre les signes et de continuer son voyage. Le lendemain, il rencontre un marchand de cristaux et nettoie sa marchandise en échange de nourriture. Celui-ci lui propose finalement de travailler pour lui afin d'obtenir l'argent nécessaire à la poursuite de son périple. Décidé à faire ce qu'il faut pour réaliser sa légende personnelle, Santiago accepte de rester le temps qu'il faudra.

Il tente de lui proposer de nouvelles choses pour améliorer son travail, mais le marchand se montre réticent face aux innovations : il ne comprend pas ce besoin de changement. Il interroge le jeune berger sur les raisons qui le poussent à vouloir rejoindre les pyramides alors qu'il pourrait en construire une dans son jardin. Santiago lui répond alors : « Vous n'avez jamais fait de rêves de voyage. » (p. 69)

Le marchand lui explique alors les cinq obligations de l'Islam parmi lesquelles figure le pèlerinage à La Mecque. Il dit qu'il préfère rêver de ce voyage plutôt que de le réaliser, car il a peur de ne plus avoir de raison de vivre une fois ce rêve réalisé.

Onze mois et neuf jours après son arrivée, Santiago annonce son départ au marchand. Il reprend sa route et rencontre en chemin un Anglais à la recherche d'un alchimiste. Tous deux font route au sein de la même caravane en direction du Fayoum (Égypte). L'Anglais prête ses livres d'alchimie à Santiago, mais celui-ci n'y comprend rien si ce n'est qu'ils renferment une idée commune : « Toutes les choses [sont] des manifestations d'une seule et unique chose. » (p. 101)

Santiago discute également avec un chamelier. Celui-ci lui apprend qu'une guerre de clans menace d'éclater, mais qu'il ne craint rien car il vit uniquement dans le présent.

La caravane arrive à l'oasis où séjourne l'alchimiste. En le cherchant, Santiago rencontre Fatima dont il tombe amoureux. Plus tard, en observant un vol d'éperviers, le berger a la vision d'une bataille prochaine qu'il communique au chef de la tribu.

Le lendemain, à l'issue du combat, Santiago se rend chez l'alchimiste. Celui-ci lui rappelle qu'il doit accomplir sa légende personnelle pour que tout ce qu'il a vécu jusqu'à présent prenne sens. Face aux doutes du berger, l'alchimiste lui raconte ce que sera sa vie s'il renonce et Santiago annonce la nuit même son départ à Fatima. Celle-ci décide de l'attendre.

L'alchimiste apprend à Santiago à écouter son cœur. En chemin, ils sont confrontés à des soldats ; le compagnon de Santiago le présente comme un alchimiste capable de se transformer en vent. Trois jours plus tard, le berger réalise l'exploit en s'adressant au désert, au vent, au soleil et, enfin, à la « main qui a tout écrit ». Ils atteignent ensuite un monastère où l'alchimiste montre comment transformer du plomb en or. Il partage le métal en quatre parts : une pour lui, une pour Santiago et deux pour le moine (une en remerciement, l'autre au cas où le jeune berger en aurait besoin à l'avenir).

Arrivé aux pyramides, Santiago se laisse guider par son cœur et creuse à l'endroit que celui-ci lui indique : « Fais bien attention à l'endroit où tu pleureras ; car c'est là que je me trouve, et c'est là que se trouve ton trésor. » (p. 180) Là, il est attaqué. Il finit par avouer à ses agresseurs qu'il cherche un trésor qui lui est apparu en rêve. L'un des hommes lui rétorque qu'il est bien bête et indique sans le savoir au jeune homme où se trouve réellement le trésor : au pied du sycomore de la vieille église andalouse. Le jeune berger décide alors de s'y rendre. En route, il se remémore le chemin parcouru pour arriver à son trésor et se souvient qu'il doit en reverser un dixième à la gitane. Le vent se met ensuite à souffler, lui déposant un baiser de Fatima

ÉTUDE DES PERSONNAGES

SANTIAGO

Héros du roman, Santiago est un jeune Andalou qui, deux ans avant le début du récit, s'est opposé à ses parents en refusant d'entrer dans les ordres, préférant devenir berger et parcourir le monde. Santiago est curieux et a soif de découvertes. Lorsqu'il voyage avec ses brebis, il cherche sans cesse de nouveaux chemins. L'essentiel, selon lui, est de pouvoir vivre sa légende personnelle, ce projet particulier dont nous sommes tous porteurs et dont l'accomplissement dépend de notre capacité à nous battre pour nos envies profondes : « C'est justement la possibilité de réaliser un rêve qui rend la vie intéressante. » (p. 26)

Comme tout le monde, Santiago est confronté aux aléas de l'existence et il lui arrive de douter. Mais il est extrêmement attentif aux signes, et sait faire preuve d'audace et de volonté pour réaliser ce qui lui tient à cœur. S'il lui arrive de se décourager, cela ne dure jamais longtemps et il trouve toujours une nouvelle raison d'avancer. Ainsi, lorsque le marchand de cristaux lui apprend qu'un voyage en Égypte est trop couteux pour lui, Santiago change rapidement d'objectif en acceptant de travailler jusqu'à ce qu'il ait assez d'argent pour racheter des moutons (p. 62-63).

À l'écoute du monde et de lui-même, Santiago reflète la part de rêve que chacun possède en soi. Il se singularise par une ouverture aux autres et à la vie typique des enfants.

En grandissant, l'adulte oublie ses véritables désirs ou les enfouit en les reléguant au statut de « rêves d'enfants » et en leur opposant une attitude « raisonnable ». Le personnage de Santiago rappelle que chacun est maitre de son destin et que cela vaut la peine de suivre ses envies.

L'ALCHIMISTE

Personnage qui donne son titre au roman, il ouvre également le récit. C'est un homme mystérieux, le texte fournit peu d'informations à son sujet. Il est la quête de l'Anglais que Santiago rencontre au sein de la caravane, mais son véritable rôle est de guider le berger vers son trésor.

L'alchimiste est un homme savant qui connait le langage du monde : il sait observer et déchiffrer les signes. Lorsque Santiago le remercie de lui avoir enseigné ce langage, l'alchimiste lui répond : « Je n'ai fait que te rappeler ce que tu savais déjà. » (p. 175)

LA VIEILLE GITANE

Elle est la première rencontre de Santiago à Tarifa. Celui-ci la consulte afin qu'elle l'éclaire à propos de son rêve de trésor. Elle accepte de ne pas être payée directement, mais demande un dixième du trésor. Selon elle, interpréter un tel songe est très difficile, mais elle n'apprend finalement rien de neuf au berger. Pour s'expliquer, elle dit à Santiago que « [l]es choses simples sont les plus extraordinaires. » (p. 30)

MELCHISÉDECH, LE ROI DE SALEM

Il se présente sous les airs d'un pauvre vieillard, mais il cache sous ses hardes un pectoral d'or et de pierres précieuses. Il aborde Santiago et lui propose de lui indiquer comment rejoindre son trésor en échange d'un dixième de son troupeau. Il lui démontre qu'il n'est pas un imposteur en traçant sur le sable les noms des parents du garçon et toute sa vie, même « des choses qu'il [Santiago] n'avait jamais racontées à personne » (p. 35-36).

Ce personnage est essentiel dans la quête de Santiago, car c'est lui qui l'incite à prendre la décision de partir. C'est également lui qui introduit les concepts de légende personnelle et de principe favorable (ou chance du débutant). Il offre aussi à Santiago deux pierres de divination appelées Ourim et Toumim.

LE MARCHAND DE CRISTAUX

Marchand de Tanger pour lequel Santiago travaille pendant près d'un an, il n'a jamais effectué le pèlerinage à La Mecque et n'a pas l'intention de le faire : rêver de ce voyage est devenu sa raison de vivre.

Habitué à sa petite vie tranquille, il ne voit pas d'un bon œil les idées novatrices de Santiago pour améliorer son commerce ; il finit pourtant par céder à son employé et voit son activité prospérer.

L'ANGLAIS

Compagnon de caravane de Santiago, il est à la recherche de l'alchimiste qui pourra l'aider à déchiffrer les codes et à découvrir l'élixir de longue vie ainsi que la pierre philosophale. Il ne jure que par ses livres et n'observe pas le monde, jusqu'à ce qu'il rencontre l'alchimiste à l'oasis. Il commence alors à regarder le désert.

FATIMA

Jeune femme du désert dont Santiago tombe amoureux, elle est consciente de son rôle et sait que son destin est d'attendre le retour de son homme à l'oasis. Santiago est tenté de rester à ses côtés, mais l'alchimiste lui fait comprendre que s'il renonce à sa quête, lui et Fatima seront malheureux. À l'inverse, si leur amour est pur, alors ils se retrouveront quoi qu'il arrive.

CLÉS DE LECTURE

UN ROMAN INITIATIQUE

En recherchant son trésor, Santiago va en réalité à sa propre rencontre. Chaque personnage qu'il croise et chaque expérience qu'il vit sont une étape vers l'accomplissement de sa légende personnelle.

Le concept de légende personnelle, inventé par Paulo Coelho, désigne la mission que chacun doit remplir sur Terre et qui lui permettra de trouver l'harmonie. Selon le roi de Salem, tout le monde connait la sienne dès l'enfance, mais peu à peu « une force mystérieuse commence à essayer de prouver qu'il est impossible de réaliser sa légende personnelle » (p. 36).

En effet, tout au long du récit, Santiago est confronté à différents obstacles ou tentations qui éprouvent sa volonté et lui servent d'apprentissage. C'est en les surmontant qu'il parvient à trouver son trésor et à réaliser ainsi sa légende personnelle. Parmi ces épreuves, on note :

- le vol de son argent ;
- la guerre des clans qui immobilise la caravane à l'oasis ;
- la rencontre avec Fatima ;
- l'arrestation par les soldats.

L'aspect initiatique est caractérisé également pas les nombreuses rencontres de Santiago qui l'aident à progresser dans sa quête et dans sa réflexion sur lui-même. On note, par exemple :

- le roi de Salem qui lui recommande de prendre ses propres décisions ;
- le chamelier qui lui conseille de vivre le moment présent ;
- l'alchimiste, enfin, qui lui sert de guide et d'accompagnateur.

LA THÉMATIQUE DU VOYAGE

Pour accomplir sa légende personnelle, Santiago effectue un véritable périple. Dès le début du récit, le voyage est présenté comme « le plus grand rêve de sa vie » (p. 25). Pour le réaliser, il brave tout d'abord son père en devenant berger au lieu d'entrer dans les Ordres. Il traverse ainsi l'Andalousie. Il sent pourtant rapidement au fond de lui l'envie d'aller plus loin puisqu'il imagine qu'il pourrait un jour vendre ses moutons et devenir marin.

C'est finalement un rêve qui guidera ses pas jusqu'aux pyramides d'Égypte, en passant par Tarifa (Espagne), Tanger (Maroc), le désert, une oasis, etc. Grâce à ce périple, Santiago découvre d'autres cultures et des paysages différents. Lorsqu'il revient à son point de départ pour mettre au jour son trésor, Santiago se demande si tout cela n'aurait pas pu lui être épargné, mais une voix lui répond que sans cela il n'aurait jamais vu les pyramides

(p. 188). Il n'aurait pas non plus rencontré Fatima. Santiago comprend que la valeur de son trésor réside également dans les épreuves qu'il a dû endurer pour le trouver.

LES RÉFÉRENCES AUX RELIGIONS

Santiago est espagnol et chrétien. Il a étudié la théologie et aurait dû être prêtre. Mais son séjour africain le confronte à la religion islamique.

À son arrivée à Tanger, il désigne le comportement des musulmans comme des « pratiques d'infidèles » (p. 49) : Santiago remarque « des femmes au visage voilé, des prêtres qui mont[ent] au sommet de hautes tours et se mett[ent] à chanter, tandis que tout le monde à l'entour s'agenouill[e] et se frapp[e] la tête contre le sol » (p. 49).

En conversant avec le marchand de cristaux, celui-ci lui dit que le livre saint s'appelle le Coran et lui enseigne les cinq obligations ou piliers de l'islam (p. 70-71) :

- il n'y a pas d'autre Dieu qu'Allah et Mohammed est son prophète ;
- il faut prier cinq fois par jour ;
- il faut pratiquer le jeûne du Ramadan ;
- chaque musulman doit faire montre de charité envers les pauvres ;
- chaque musulman, financièrement et physiquement capable de le faire, doit au moins une fois dans sa vie effectuer le pèlerinage à La Mecque.

À côté de ces références à l'islam, on trouve également des allusions au christianisme, notamment l'évocation d'une église et d'une statue de saint Jacques-le-Majeur (p. 49). L'Anglais évoque par ailleurs un épisode de la Bible (p. 88), et d'autres références bibliques parsèment le livre : Melchisédech, le roi de Salem, Ourim et Toumim, etc.

L'Anglais n'est apparemment pas croyant : lorsque le chef de la caravane demande à chacun de jurer obéissance par le Dieu auquel il croit, l'Anglais garde le silence. Cependant, il est capable de citer la Bible. La religion est donc évoquée avant tout comme un ancrage culturel.

LE MERVEILLEUX

Le récit est ponctué d'épisodes étranges, surnaturels. Ces évènements ne sont pas plausibles, mais la logique du récit et de la fiction les rendent acceptables dans le cadre du roman. Par exemple, le roi de Salem surgit de nulle part, mais connait la vie entière de Santiago et est capable de lire dans ses pensées. Santiago parle avec le désert, le vent, le soleil, etc.

LA SIMPLICITÉ DU STYLE

Le style de Paulo Coelho se caractérise par une extrême simplicité tant du point de vue de la construction narrative que de la syntaxe et du vocabulaire.

- La trame de l'histoire est linéaire. Généralement, les faits se déroulent de manière chronologique. On note seulement l'exception de deux brefs flash-backs au début du roman (p. 19-20 et p. 23-24).
- Le vocabulaire est accessible. Paulo Coelho emploie peu de termes complexes ou spécialisés. Même lorsqu'il évoque les particularités de l'islam, il utilise le vocabulaire du quotidien : le muezzin est appelé « prêtre », les minarets sont décrits comme de « hautes tours », etc. Les expressions spécifiques n'interviennent que si le contexte les impose (par exemple, la pierre philosophale).
- Les personnages interviennent successivement. L'auteur introduit chaque personnage séparément : lorsqu'un nouveau protagoniste intervient, le précédent s'efface. En outre, les relations ne mettent en scène que deux personnages, excepté quand Santiago est accompagné de l'alchimiste (rencontres avec les soldats, le moine). L'auteur commente ce travail à travers une réflexion de Santiago : « Si jamais il lui arrivait un jour d'écrire un livre, pensa-t-il, il introduirait les personnages un à un, pour éviter aux lecteurs d'avoir à apprendre leurs noms par cœur tous à la fois. » (p. 32)

PISTES DE RÉFLEXION

QUELQUES QUESTIONS POUR APPROFONDIR SA RÉFLEXION…

- *L'Alchimiste* valorise le rêve, mais montre également que, selon les individus, cette notion est conçue de diverses manières. Quels sont les points communs et les divergences exprimés dans le roman par rapport à la perception du rêve ? Plus largement, en quoi le rêve est-il essentiel dans la vie d'un individu ?
- Que signifie le concept de légende personnelle ? Relève-t-il du destin ou de la volonté ?
- En quoi *L'Alchimiste* est-il un roman initiatique ?
- Le voyage est l'un des thèmes principaux de ce texte. Pourquoi Santiago souhaite-t-il voyager au début du roman ? A-t-il découvert ce qu'il souhaitait à son retour ?
- Tout au long du récit, Santiago doit faire des choix. À qui/quoi se fie-t-il pour prendre ses décisions ? Dans quelle mesure est-on libre de ses choix ?
- Comment la religion est-elle évoquée dans le roman ? En quoi représente-t-elle un ancrage fondamental pour l'homme, même non croyant ?
- Quel rôle joue la femme dans le roman ?
- La gitane confie à Santiago que « [l]es choses simples sont les plus extraordinaires » (p. 30) et l'alchimiste dit que « quand nous avons de grands trésors sous les yeux, nous ne nous en apercevons jamais » (p. 157). Que signifient ces phrases ?

- Quelle est l'importance des éléments naturels dans le roman ? Quel est leur rôle et quel message est transmis au lecteur ?
- Comment le merveilleux se manifeste-t-il dans le roman ? Que permet-il d'apporter au récit ?
- La narration est-elle effectuée de manière chronologique ? Un autre type de structure aurait-il pu être envisagé pour raconter ce récit ?
- Pourquoi l'auteur utilise-t-il les mots spécifiques à l'alchimie alors qu'il emploie des termes relativement communs pour ce qui relève d'autres domaines comme, par exemple, la religion ? Est-ce nécessaire ? N'aurait-il pas pu trouver des termes plus directement compréhensibles ?
- Pourquoi ce roman s'intitule-t-il *L'Alchimiste* alors qu'il raconte l'histoire de Santiago ?

POUR ALLER PLUS LOIN

ÉDITION DE RÉFÉRENCE

- Coelho P., *L'Alchimiste*, Paris, Le Livre de Poche, 2001.

Retrouvez notre offre complète sur lePetitLittéraire.fr

- des fiches de lectures
- des commentaires littéraires
- des questionnaires de lecture
- des résumés

Anouilh
- Antigone

Austen
- Orgueil et Préjugés

Balzac
- Eugénie Grandet
- Le Père Goriot
- Illusions perdues

Barjavel
- La Nuit des temps

Beaumarchais
- Le Mariage de Figaro

Beckett
- En attendant Godot

Breton
- Nadja

Camus
- La Peste
- Les Justes
- L'Étranger

Carrère
- Limonov

Céline
- Voyage au bout de la nuit

Cervantès
- Don Quichotte de la Manche

Chateaubriand
- Mémoires d'outre-tombe

Choderlos de Laclos
- Les Liaisons dangereuses

Chrétien de Troyes
- Yvain ou le Chevalier au lion

Christie
- Dix Petits Nègres

Claudel
- La Petite Fille de Monsieur Linh
- Le Rapport de Brodeck

Coelho
- L'Alchimiste

Conan Doyle
- Le Chien des Baskerville

Dai Sijie
- Balzac et la Petite Tailleuse chinoise

De Gaulle
- Mémoires de guerre III. Le Salut. 1944-1946

De Vigan
- No et moi

Dicker
- La Vérité sur l'affaire Harry Quebert

Diderot
- Supplément au Voyage de Bougainville

Dumas
- Les Trois Mousquetaires

Énard
- Parlez-leur de batailles, de rois et d'éléphants

Ferrari
- Le Sermon sur la chute de Rome

Flaubert
- Madame Bovary

Frank
- Journal d'Anne Frank

Fred Vargas
- Pars vite et reviens tard

Gary
- La Vie devant soi

Gaudé
- La Mort du roi Tsongor
- Le Soleil des Scorta

Gautier
- La Morte amoureuse
- Le Capitaine Fracasse

Gavalda
- 35 kilos d'espoir

Gide
- Les Faux-Monnayeurs

Giono
- Le Grand Troupeau
- Le Hussard sur le toit

Giraudoux
- La guerre de Troie n'aura pas lieu

Golding
- Sa Majesté des Mouches

Grimbert
- Un secret

Hemingway
- Le Vieil Homme et la Mer

Hessel
- Indignez-vous !

Homère
- L'Odyssée

Hugo
- Le Dernier Jour d'un condamné
- Les Misérables
- Notre-Dame de Paris

Huxley
- Le Meilleur des mondes

Ionesco
- Rhinocéros
- La Cantatrice chauve

Jary
- Ubu roi

Jenni
- L'Art français de la guerre

Joffo
- Un sac de billes

Kafka
- La Métamorphose

Kerouac
- Sur la route

Kessel
- Le Lion

Larsson
- Millenium I. Les hommes qui n'aimaient pas les femmes

Le Clézio
- Mondo

Levi
- Si c'est un homme

Levy
- Et si c'était vrai...

Maalouf
- Léon l'Africain

Malraux
- La Condition humaine

Marivaux
- La Double Inconstance
- Le Jeu de l'amour et du hasard

Martinez
- Du domaine des murmures

Maupassant
- Boule de suif
- Le Horla
- Une vie

Mauriac
- Le Nœud de vipères

Mauriac
- Le Sagouin

Mérimée
- Tamango
- Colomba

Merle
- La mort est mon métier

Molière
- Le Misanthrope
- L'Avare
- Le Bourgeois gentilhomme

Montaigne
- Essais

Morpurgo
- Le Roi Arthur

Musset
- Lorenzaccio

Musso
- Que serais-je sans toi ?

Nothomb
- Stupeur et Tremblements

Orwell
- La Ferme des animaux
- 1984

Pagnol
- La Gloire de mon père

Pancol
- Les Yeux jaunes des crocodiles

Pascal
- Pensées

Pennac
- Au bonheur des ogres

Poe
- La Chute de la maison Usher

Proust
- Du côté de chez Swann

Queneau
- Zazie dans le métro

Quignard
- Tous les matins du monde

www.lepetitlitteraire.fr

ISBN version imprimée : 978-2-8062-1308-2
ISBN version numérique : 978-2-8062-1804-9
Dépôt légal : D/2013/12.603/26